わたしのパリ料理だより

# わたしの
# パリ料理だより

村上 葉

水声社

# 目次

FONDRE

# その一

# すかんぽ《オゼイユ》入り目玉焼きをつくりましょう

六月、フランスの苺の季節が来ます。十九世紀末、二十世紀初頭のパリ、ラフォンテーヌ通り九六番地、または、マルゼルブ大通り九番地で、若き日のマルセル・プルーストが、皿の中の苺をつぶしながら、白いクリームを少しずつまぜて、そのクリームと苺が、混ぜ合わされてピンクに染まっていく時をたのしんだのです。それがあの『失われた時を求めて』の大作の執筆へと誘います。

クリームと苺とで自分の好きな味をこしらえていく作業、それこそ料理です。

ここから料理ははじまります。

どれぐらい苺をつぶしたあたりで、どれぐらいのクリームを加え、どれぐらい混ぜるか、それは、料理書の記述による数字の目方や時間にあらず、自分の直感です。自分の記憶のなかの直感なのです。

その直感のすぐれた才能に「シェフ」という王冠をたてまつったフランス料理は、いつしか世界の料理となりました。

さて、「すかんぽ《オゼイユ》入り目玉焼き」をつくってみましょう。

オゼイユとはすかんぽ（スイバとも言われます）のことです、春の野草で、フランスでは、春になると食卓にのります。その葉っぱをきざんで目玉焼きの下にしくのです。春の野の香りがバタと混ぜあわさって、その香りに染まった卵がかぎりなくおいしい。

ここで、バタの脂分が香りを閉じ込めるということ、それが、重要な料理の科学でした。健

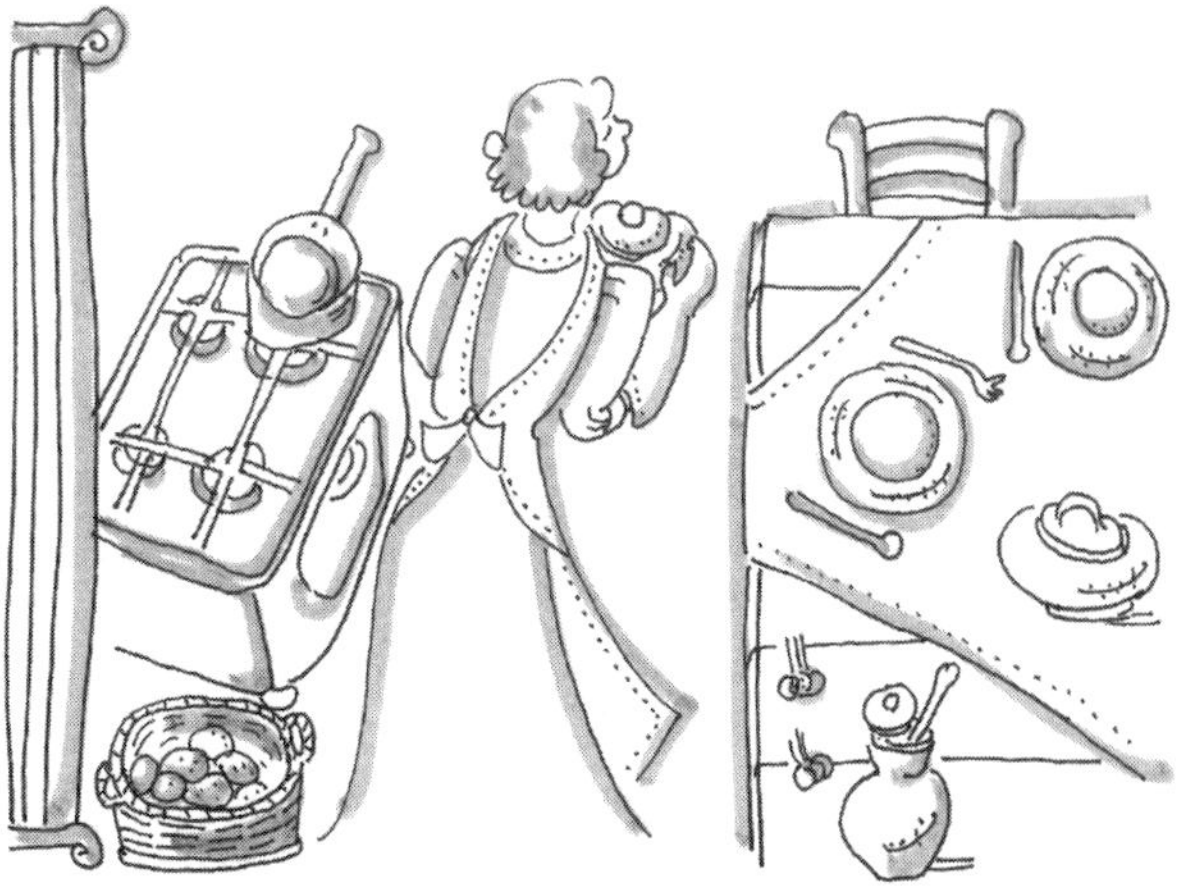

康維持のために、なるべく油脂を避けたい当世ですが、油脂なしには香りで味わう美味は不可。この点こそ、いま、フランス料理におけるジレンマです。
ささて、材料は、卵六個に対し、オゼイユ五〇〇グラム、バタが一二五グラム、それに一五〇グラムのクリーム、塩、コショー、ナツメグです。

この料理においては溶かす（FONDRE）という作業をいかにうまくやるかに尽きます。きざんだすかんぽの葉っぱをバタで溶かすのです。じわじわとバタのなかに葉っぱの香りを混ぜこんでいく、そう、プルーストの苺クリームのように。

決して弱すぎない火でありながら、強火になってはいけないというわざです。厚みのある鍋を使い、じわじわと、おちついて、静かに、木しゃもじで、かろやかに混ぜていきます。
あの〈炒める〉という操作を忘れてください。強火で〈炒める〉という日本人に親しみのあるあのわざを。決して、台所は油よごれしません。

十五分位、あせらずに。葉っぱのみどり色があせたころ、つまり濃いみどりから茶色になってきたら火を止め、塩、コショー、ナツメグを。

この上へ卵を割り、生クリームをかけて、目玉焼きをつくります。

生クリームは決して決して、沸騰させてはいけないので、うまくやれないときは、鍋ごとオーブンに入れたほうが無難でしょう。

乳製品が沸騰してしまうと、こげくさくなり、いやな味がします。体にも毒です。ここに、低温殺菌牛乳でなければならないわけがありました。

以下、料理における脂肪の科学です。

バタで葉っぱを溶かすのは「脂肪類には、香気を逃さず留めておくという特質がある」ことを利用する。

このさい、炒めてはイケナイのは「脂肪類は、ある一定の温度に達すると、多かれ少なかれ変質し、毒性の物質に変わる」からであります。

ことに、バタは一三〇度から変質するが、ある種の植物油は、二一〇度でも変質しないそうです。

料理によって油脂をえらばなければなりません。詳しいことはともかく、高温調理自体が発ガン物質を作りやすいことをお忘れなく。

フランスの著名なグルメ評論家ロベール・J・クルティーヌ氏は、新しい健康食について、こう語っています、

処理したバタは毒である。もっと正確に言えば、バタは燃焼してアクロレインを生ずる。医学アカデミー会員ルシー・ランドゥアン夫人は、それが直接毒であるばかりでなく、発がん物質であると考えている。それゆえに、ド・ポミアヌ博士は、脳みそとえいの黒バタそえを大害のある料理と規定した。

(『味の美学』、黒木義典訳、文庫クセジュ、白水社、一九七〇年)

脂肪の変質とは酸化することであり、空気で高温にさらされてもじわじわおこっている。ということもお忘れなく。

MITONNER

その二

# 鯖を果物の実の香りで食べる

バルザックのみたてたパリの鯖料理

十九世紀のパリを描きつくした大作家バルザックの『あら皮』という小説にこういうくだりがある。「侯爵さまは苺のあるときは苺を召し上がります。初物の鯖がパリに着けば、それを召し上がります」そこで、パリの昔の殿さまが、鯖をどんなふうに食べたか気になった。

「バルザックのみた貴族階級では、英国びいきは品がいいことだった」と美味学の評論家ロベール・クルティーヌ氏は言います。そこで、イギリス風鯖の料理が、ここに登場する。

この「鯖のグーズベリーソース」とは、もともと、フランスの昔の料理だった。このようなシンプルな料理法が、十四世紀以降、絢爛たるフランス料理の発展のかげに追放され、それがイギリスに遡上した。というのは、フランス語でグロゼイユと呼ばれるベリーは、フランスでは栽培していないが、イギリス、ドイツ、オランダ等ではグーズベリーと呼び、珍重されている。ぶ厚い皮にくるまって寒期を越すベリーである。その香りをバタにつつみ込んだソースで鯖をくるんで食べる。そう、ここでも、香りをバタでつつみ込むのです。

グーズベリーが実り香る春がきて、初物の鯖がはるばる遠い海からパリに着いた日、この貴族のごちそうを描きたのしんでみよう。

しばし、十九世紀のバルザックの時代へ。

まずは、ディエップの鯖を四尾。ディエップとは、フランス北部ノルマンディーの海辺の港の名です。この鯖を、頭を切り落とさないで、内臓をだして、尾とヒレは切り落とすのです。フランス人というのは、魚の頭を切り落とすことをこわがる。

鍋に二リットルの水を入れ、ういきょう《フヌイユ》を少し、塩ひとつまみを入れ、沸騰させる。「よく沸騰している中へ鯖を入れ、それが再び沸騰したらすばやく火を弱め、表面がほほえんでいるさまで十二分間位という火かげんが、この料理の科学。

そして、材料の中心部まで熱がじわじわ浸透してゆくように、火を消してからも炉のすみに鍋をおいておく。このようにゆっくりとしずかな料理をするのがフランス人の感性らしい。大きなかたまりのままの肉に熱を加えて料理するのが本来のフランス料理。

だから、たんぱく質の煮え具合が味を決める。

ところで、現在、パリの台所がだんだん電気熱源へと移行しているのは、ガス爆発の事故がよくあるからです。

わたしの台所も、七区のケ・ヴォルテール九番地の十七世紀のアパルトマンのキッチンはガス火でしたが、四年前にひっこしてきた今の六区アサス通りのアパルトマンは電気の調理台です。

それぞれ大きさのちがう四つのコンロの機能が、一枚の電気板の上にあって、これはまさに余熱料理の理にかなっております。まず水が沸騰するまでに時間がかかる。でもその湯はなかなかさめないのです。ゆっくりと煮た野菜のスープは、野菜のエキス（おいしさ）がでて、そのスープは、食べているうちにすぐ、さめないのです。

やっぱりフランス人はいまも、余熱を利用して料理するのです。

この料理の科学、余熱を大切にする調理法をMITONNER（ミトネ）と言います。炎の加減と鍋の厚み、料理されるものの質と量によって、よいかげんの味になる。それを決めるのは料理する人の勘でありましょう。レシピの数字にとらわれることなく。

さて、グーズベリー六〇〇グラムほど、沸騰直前の湯の中へ放り込み、次々にすくいあげて、大いそぎでつぶしてピュレにします。

ソースをつくる鍋に、粉三〇グラムと同量のバタ、水二五〇ｃｃ、シェリー酒一カップを入れて、先ほどのMITONNERの原理で、余熱のような静かでいつまでも消えない火加減のもとで、ゆっくりと、木しゃもじで休まず混ぜる。ひたすら、しずかに、ぜったい沸騰しないようにかきまぜつづける。火からおろした後に、なお三〇グラムのバタを加え、さきほど作ったグーズベリーのピュレをまぜ込む。バタの中に北の野のベリーの香りが北の海の魚を待っている。

この「鯖のグーズベリーソース」をバルザックの『あら皮』の主人公ラファエル侯爵さまが食べるとき、「ブラン・ド・ブラン」というシャンパーニュが要るのだとロベール・クルティーヌ氏のコメント。スペシャル白ワインで、「注ぐとほんの少しだけ泡がでる。泡は表面でクリームのようになる」このように通常のシャンパーニュより泡立ちが少ないことをクレマンという。

そこで「クレマン・ド・クラマン」(クラマン村のクレマン風シャンパーニュ白ワイン)をどうぞ。

BRAISER

その三

# 一・五キロ以上の肉片を とろ火でぐつぐつ五時間から七時間煮る

おいしい肉料理はスプーンで食べる

また、プルーストです。『失われた時を求めて』の、なり上がりもののマダムが、使用人を呼びつけて、グリンピースの煮たのの、口の中での溶け方が足りなかったと文句を言うところがあります。豆が、口の中でそのまま溶けてしまうほどにやわらかく煮てあり、そこまで煮るあいだにじわじわとバタの香りがしみ込んだ、とろけるがごとき「プチポワ」と名付けられた、グリンピースの煮たのをどっさりと、かたまり肉の煮たのといっしょに食べる一皿を、わたしも、一九七〇年代初めに、パリ六区アザス通りのペンション・ド・ファミーユという下宿屋でよく食べたことをおもいだします。

肉も野菜も、フォークで触れるだけでとろけるのです。それがあのころの、フランス人にとっての美味であるらしく、そう納得していました。

これも、もう昔になりましたが一九九三年四月三十一日付『ル・モンド』の復活祭向けの料理記事の見出し「羊の股肉をとろ火にて七時間かけて煮込む昔のレシピです。肉はスプーンで食べられるほどにやわらかくなっている……」いつのまにかフランス人もこのような料理からは遠ざかってきましたが。

フリカンドゥ（Fricandeau）という仔牛の腿肉の作り方をみてみましょう。

まず、腿肉を筋に沿って、一・五キロほど。表面をたたき、繊維を切って後、豚肉の背脂をマッチ棒ほどの太さにして、固まり肉に差し込んでいく。これをフリカンドゥといい、料理の名前にもなっています。

そのやり方は、
布巾の上に肉をおき、左手で押さえ、右手で糸を通した挿し込み針をマッチ棒状の豚の背脂に通して、固まり肉の繊維の方向に沿って、縫い込んでゆく。
間隔は二センチ位。肉の表面を浅く貫き、最後に糸で肉のかたまりをきつくないように縛る。
このようにした肉片をスプーン六杯ほどのラードかバタで焦がし、引き上げた後の脂で、刻んだタマネギ三個を色づけ、これも引き上げ、さらに残った鍋底の脂に粉三〇グラムを入れルーを作り、ブイヨン、白ワインをそれぞれ五〇〇ccずつ入れてのばし酢・砂糖一さじずつ入れて煮立て十五分煮て、塩、コショー。このソースを陶製の鍋に入れ、さっき引き上げた肉とタマネギをもどし、この鍋をごく低温の天火（一二〇度くらいのオーブン）に五〜七時間あずけておく。

このように、厚鍋に脂肪でつつんだ肉を、ぴったりフタをして蒸し煮ることをブレゼ（BRAISER）といいます。

脂で蒸す、この料理の科学について分析すると、蒸される本体は脂分がなく、しっかりとしていること。つまり、この場合、脂分、水分をあまり含んでいない肉片でなければならない。肉片をつつんでいるソースの脂分がゆっくりゆっくり、肉片へとしみ込んでいくうち、肉はやわらかくおいしくなるわけ。

脂身の多すぎるひき肉のハンバーグが、調理中に、脂が外へ流れ出て、縮んでしまっておいしくない。それとは逆の現象が、ブレゼ（BRAISER）というフランス料理なのです。

このやわらかく出来上がった肉といっしょにたべる葉っぱについて。
シコレ、サラダにしてたべる葉っぱですが、キクヂシャ、チコリと訳す。この香りが強くしっかりした葉っぱを、熱湯を通して、しっかりとしぼる。こまかく大いそぎできざみ、バタをたっぷりまぜ込む。
ぐちゃぐちゃしていると、バタがなじみません。

肉も野菜も、このしっかりとした素材に、バタの香りをしみ込ませると、ほわっとしたおいしさ、とろけるような美味が出来上るというフランス料理法の理念です。

BAIN-MARIE

その四

# 卵と牛乳をまぜて、固まらせすぎない

メグレ警視夫人のつくるクレーム・アングレーズ

「今晩、風邪をひいているメグレのために、メグレ夫人は、カラメル・クリームを作るだろう」これ、推理作家、シムノンの「メグレシリーズ」の主人公メグレです。

この「カラメル・クリーム」とは、はたしてどんなものでしょう。日本風にいえばプリンです。そこで、プリンが、なぜクリームなのか、そこが問題なのです。

この「クレーム・オ・カラメル」、つまり「カラメル・クリーム」は、フランス人がほんとうに好きなデザートです。

さとう一五〇グラムとバタ大さじ一杯でカラメルをつくる。両者を鍋で熱し、アメ色になったら、しゅうっと大いそぎ水を注ぐと茶色に焦げる。それがカラメルです。

そういえば、わたしの子供の頃、母が、さとうとバタで鍋でキャラメルを作ってくれたことをおもいだしました。

あれは、戦後すぐ、一九四〇年代後半でした。あれは、「森永ミルクキャラメル」というのと似ていました。


さて、このカラメルを作るとき、水を注ぐ方向に気をつけないとおそろしいことになります。自分の方に向けてはいけません。そして、一気にやります。このカラメルの上に、温めた牛乳を一リットル注ぎ、卵黄六個を少しづつ、木しゃもじでかきまぜます。

卵白の方には、粉砂糖七五グラムを加えて混ぜ、以上すべてを鍋に入れて、BAIN-MARIE(湯せん《バンマリ》)にして、根気よく、まぜつづけるのです。

鍋を直接火にのせず、お湯の中にうかべて、調理する、湯せんという極弱火の料理法です。

クリームが煮つまって濃くなり、しゃもじで持ち上げても、下へたれなくなれば出来上り。これが「クレームカラメル」と呼ばれるフランス家庭料理のプリンです。

クリームなのに、妙にかたまっているようなないような、固形と液体の境い目みたいな感触がおいしい。

これまたフランス語でクレーム・アングレーズ（＝イギリスのクリーム）と呼び、わたしたちはカスタードクリームと呼び、なじんできたものでもあります。

フランス人は、このクリームだけ、小さなつぼにひとりずつ入れて、ひたすらなめて、デザートにする。料理の後に、これをなめて、食事を仕上げる。


そこで、メグレ夫人のレシピとは、同じ材料を、めんどうなカラメルも作らないで、牛乳にヴァニラとさとうを入れて温めておき、全卵を泡立て、両者を合体させて耐熱皿に入れ、弱火の天火《オーブン》で焼くというもの。この場合、一リットルの牛乳に卵は四個と少なくなる。フランス語でいえば、「ウフ・オ・レ（ŒUF AU LAIT）」、つまり「牛乳入り卵」なるデザートです。

このメグレ夫人とは、推理作家シムノンの「メグレシリーズ」の主人公メグレ警視の奥さんで、その料理ノートが家庭料理の実用書となっていた。一昔前のおはなしです。

あれから時はいつしか、四十年、五十年とすぎて、今、二〇二〇年、つい、先週だったか、コロナウィルスでロックダウンしているフランスで、テレビで「みんなでおうちで作りましょう」とお兄さんシェフみたいな人が、これを作ってみせていました。なんのことはない、やっぱり卵とさとうと牛乳をまぜてあたためるというだけでした。

「クレーム・カラメル」の変形として、カラメルの代りにレモンをつかうクレーム・オ・シトロン（CRÈME AU CITRON）は、牛乳がレモンの酢で凝固するという宿命的なむずかしさがある。ぶつぶつを裏ごしして難をさける。

TRAVAILLER

# その五

# チョコレートムース作りは、
# 固めるのではなく、混ぜることでした

革命前夜、ヴェルサイユ宮殿で、
メレンゲをまぜつづけたマリー・アントワネットさんへ

一九七〇年代の初めも、わたしはパリに住んでいたが、あの頃、デザートによく出てきた、大好きだった「ムース・オ・ショコラ」、それは、どろまんじゅうのように、みばえはそっけない。けれど、ふわっとやさしくおいしいチョコレート色のあのかたまりについて。

あれはほんとうにおいしかった。おいしいけれど、ちっとも気取っていないところがわたしは気に入っていた。

でも、その後、日本に住み、あまりにも似て非なるチョコレートムースには、だまって、近づかなかった。

それから何十年もすぎて、今、また、パリに住みはじめて六年、パリには、今もおんなじムース・オ・ショコラはありました。

かれこれ五十年昔のパリでは、パリ中のひとがみんな、才気走ったところの、ちっともない、あのふわふわふわとした茶色のかたまりのデザートを食べていたのだが、いまは、いろいろなのがある。名を誇るケーキ屋さんがつくるおかしになってしまったのは、こわれにくいようういろかざりもので支えてあり、中身もなんだかすましてて固まりすぎのよう。このようなのは、日本のケーキ屋さんにもあるはず。

今から四十年位さかのぼる。そのころ、東京日仏学院でフランス語を教えていたメジエール氏に、わたしは、フランス人のいちばん好きなデザートをきいた。彼が目を細めてうれしそうに語ってくれたのもこれ、「一二〇グラムの板チョコと、卵四個、それに水数滴とラム酒かなんか少々、それだけでできます。おいしくもまずくもなるのは作る人次第。それが料理というものです」とまぜることだけ、そのまぜ方で出来不出来が大きく左右される。できない場合もある。

手順は、板チョコをくだき、湯せん《バンマリ》にして溶かす。

大さじ三杯位の水を加える。溶けかけたら火からおろし、ラム酒を少し。卵を黄身だけ、大さじ一杯の水を加えて泡立器でまぜ、少しづつ溶かしたチョコレートに合わせ、他方、白身の方も固く固く泡立てておき、チョコレートに合体させる。

この合わせ方いかんで、ふわっとかるくかたまるか、ぺしょっとへしゃげるかが決る。やさしいきもちでたのしくやる。

それを、めいめいの容器に分け、一晩、冷蔵庫でねかせているうち、やさしいかたまりと化す。

これ、粒子をしっかり支えるゼラチン状のものは含有してないのでともすれば、くしゃっとへこむ。でも、へこんで不細工でも空気をいっぱいふくんだかたまりそのものはおいしいのだ。

一九八〇年初め、東京・青山の地下の狭いビストロ「シェ・ピエール」で、パリにずっと住んでいた友人が帰国したので、一緒に「パリ風ビフテキ」をたべて、デザートに「ムース・オ・ショコラ」をたべた。

「パリのとおんなじい！」と友が歓声をあげた。ピエール氏は「お祖母さんのやり方よ。ふくらまないけれど、へしゃげているけれど。このやり方は変えない」とうそぶいた。

そもそもムースというものは、昔、日本にはなかった。卵白を寒天で固めた「淡雪」というものを母はこしらえていたが。

そして、母が語るのは「ババロア」という西洋のデザートだった。正しくはバヴァロワである。これはフランス料理本のレシピによれば、カスタードクリームと生クリームをゼラチンでかためたものだ。

ムース・オ・ショコラをフランスの昔にさかのぼると、バルザックが「クレーム・オ・ショコラ」をかんがえた。これは、粉とバタでこしらえたベシャメルソースにチョコレートを入れて冷蔵庫でかたまらせる。

(画家の)ロートレックは、「マヨネーズ・オ・ショコラ」、これは、チョコレートと卵黄、バタを煮とかし、卵白を泡立ててあわせる。これはチョコレートムースにバタが入ったものでした。

メグレ夫人も「クレーム・オ・ショコラ」をこしらえる。牛乳で板チョコを煮て、そこへ、卵黄と卵白を別にあわだててまぜる。

これは出来立て、あたたかいのをたべる。カスタードクリームのチョコレート入りです。

つまり、フランス人はクリームだけをぺろぺろなめてデザートとする、だからチョコレートムースは、クリームとしてへしゃげていてもかまわない。

ただ大切なことは、このクリームはふわっとかろやかな口あたりでなければ。やっぱりチョコレートムースの面目としてふわふわしていた方がいい。だから、せっせと、混ぜて働いて《トラバイエ》メレンゲをつくる。

フランス革命前夜、マリー・アントワネットが、ジャン＝ジャック・ルソー説く「自然に帰れ」にもとづいて建てられたプチ・トリアノンにこもり、ひねもす、ひとりひたすら、祖父の美食家スタニラス・レクチンスキー氏より伝授されたメレンゲ作りに夢中になったというはなし。

王国が没す前夜の忘我。
フランス王国はかくして没したか。

SAUTER

その六

# オムレツは、ゆすって、ひとりでにくるまるようにすべらせる

「黄身と白身は一緒にまぜちゃだめなの」と石井好子さん

チョコレート・ムース作りで、卵のかたまり具合のデリケートさについて、かんがえたわたしは、全卵か、黄身だけか、白身かにより、かたまる温度がちがうことを知った。

卵白は六〇度ぐらいから、だんだん固くなりはじめ、八〇度で、完全に固くなる。卵黄は六五度で固まりはじめ、七〇度で固まる。両者をまぜるともっと早く固まってしまう。
（フランソワ・ルリ『フランス料理』、小松妙子訳、文庫クセジュ、白水社、一九六七年）

ふと、ここで、子供の頃の朝ごはんだった「目玉焼き」を思い出す。両方のかたまり具合が、そのときによってちがっていたなあと。目玉焼きは、まぜないで、同じ鍋でやく。そのとき焼かれている卵は、白身も黄身もずいぶん複雑な温度の状態だ。

フランス料理のチョコレート・ムースも、カラメル・クリームも、卵黄、卵白は分けて泡立てるのだった。その方がうまく出来るということ。

そこで、石井好子さんというオムレツの大家が、日本にいらっしゃった。「黄身と白身は一緒にまぜちゃだめなの」というセリフをわたしは母から伝え聞いた。母は、その頃、石井好子さんのテレビ料理が好きだった。

その石井好子風オムレツについて。

まず、タマネギとジャガイモをそれぞれ素揚げにしておき、卵を、黄身と白身を別々に泡立て、白身はフライパンに流す寸前もっとよく泡立て、素揚げにしてあるジャガイモとタマネギの上に大急ぎでそそぎ、オムレツにする、一部が黒こげ炭と化しているジャガイモとタマネギが、ふわふわの卵のひだのあいだに、宙ぶらりんに泳いでいるような、不格好なこのオムレツがわたしは大好きだった。たとえ発ガン物質であろうと、このオムレツはおいしい。

石井好子さんの名著『巴里の空の下オムレツのにおいは流れる』の第一章は、彼女のパリでの下宿先の亡命ロシア人のマダムが作るオムレツのはなしだ。強い火に焼けたフライパンにおどろくほどたくさんのバタを入れ、外側は、焦げ目のつかない程度に焼けていて、中身はやわらかいひたひたの舌ざわりのオムレツが出来るという。そしてマダムは、エプロンではなく、木綿の白い上っぱりを着て台所に入ると。

そう、フランスの台所では、料理するときに、お医者さんのように白い上っぱりを着るのをわたしも、はじめはびっくりしたが、アザス通り七八番地の下宿にいたとき、料理番のマルグリットおばさんは、いつも白衣を着て、鼻めがねをかけ、背のびをして、大鍋をのぞき込み、かきまぜていた。

オムレツをつくるとき、フライパンのなかの卵を、大急ぎでかきまぜ、かたまりすぎないようにする。これをソテ（SAUTER）といって、フライパンを振りうごかすことをいう。

メグレ夫人は、フォークの背で、円を描きつつ、卵をまぜると。円を描きつつだ。あのマルグリットおばさんは「地球の自転に逆らわない方向にまぜる、必ずそうまぜる」と強調していた。マルグリットおばさんの手先きではなく、彼女の丸い背中がまわっていたような気がしてくる。

あのマルグリットおばさんの料理を毎晩たべていたころ、毎夜、次々と肉の料理がでてきて、少々飽きてきたころ、プレーンオムレツがでてくる。葉っぱのサラダがいっぱいついてくる。それだけの夕ごはん。それはとても幸せでおちつく。

そして、わがオムレツのひそかなるおもいで。

あれは、秋のおわり、パリからひとりノルマンディーの海をみにでかけたとき。その港町の名も忘れてしまったが、オムレツのことだけは忘れない。

五十年をさかのぼる昔、若い女のひとり旅を田舎町の旅籠屋のおかみは、一瞬、わたしをいぶかしげにみたが、泊めてくれた。

「夕食はオムレツしかない」と言った。

そのオムレツはなんて大きかったんだろう。オムレツだけで十分だとおもった。皿からはみだしそうな大きなふわふわのたまごだけを焼いたのと、バケツ一杯ほどもあるサラダ菜だけのサラダがでてきた。

何もないときはオムレツをたべる。疲れはてたとき、オムレツがいちばんおいしい。

オムレツは、とほうもなく大きくても、たべるのにエネルギーが要らない。そして、なんだか、幸せな気分になれる。不良少女気取りのわたしがひとり、海辺の宿で感動した昔のオムレツ。

あのとほうもなく大きなオムレツには、一体、何個くらい、卵が入っているのだろう。

バルザックのレシピにも、メグレ夫人のレシピにも六個とある。バタは五〇グラム。もちろん一人分のオムレツである。

黄身と白身を分け、黄身をすばやく混ぜ、白身をもう少していねいに混ぜ、合体させて、強火の上でバタが溶けだしたら、すばやく流し込み、フォークの背でまるく中心に向かってまぜ、フライパンは水平にもどし静かにうごかす。ころあいをみて、フライパンを傾けてすべらせ、まとめる。

温めた皿にすべらせ、さめないうちに食べるべし。

あくまで、オムレツのみに集中する。

忘我の幸せ。

再び、パリに住んで六年、パリのオムレツはいま……

わたしは午前中にでかけることがあり、お昼におなかがすくとカフェに入ってオムレツを食べることにしている。

サン＝ジェルマン＝デ＝プレの「カフェ・フロール」のオムレツは、上手にできているが、バタが多すぎるような気がする。今風にかたちは小さく、上品にできている。プレーンよりマッシュルームの入った方がよい。マティニョンの近くへ入る道の角にある「カフェ・ヴァレンヌ」のは、気取っていなくて、かなり昔風でプレーンでおいしい。モンパルナスの「ロトンド」のは、卵がＢＩＯ（ビオ＝自然卵）で、やっぱり上品にできている。

おいしいが、なぜか、どれも昔ほど忘我の幸せとはいかない。多分気取りすぎているか、健康のため小さすぎる。

リュクサンブール公園をメディシス通りへ出た所の「カフェ・ロスタン」のは大きくて一番昔風だ。ジャガイモが入っているのなど、なかなかおいしい。でも、時々うんざりするのは、油がよくないか、卵の質がわるいかだろう。

その七

# 煮魚も焼き魚も香りのなかでふるえます

FRISSONNER

地中海のすばらしい魚が数匹、はらわたを取り除いたのに、お腹のすきまに豚の脂の細切りと十分のコショー、わずかの塩、そしてニンニクをしのばせて、ローリエ、ミント、タイム、ローズマリー、セージなどの香草を束ねたものをしばりつける。これら、香草の刷毛は、オリヴ油と、ばら色の甘いお酢をまぜた壺に浸しておいたもの。南フランス、プロヴァンスの森で調達してきた、オリヴの木、ローリエの根っこ、松の木の丸太、アーモンドの枝、葡萄の若枝などの薪で火をおこし、この魚を焼く。

焼く人、つまり料理人、黒人のシェフは何も語らず、味見もせず、時間を見て数えたりもしない、網の上の魚をくるくる回しながら、水分をふりかけるだけ。客、われわれは、香草の刷毛を持つ黒い腕に敬意を払い、ただ、ひたすら、ながめていましょう。この調理に参加しない方がいい。

その水分をふりかけるタイミング、調理の温度の科学は、寡黙なその人だけが心得ているのです。

魚は、森の芳香にむせて、海への追憶にふるえます。そのおののきは、怒りや怖れのためか、ひょっとして歓びの震えかもしれません。

火と水の力で、森と海の香りを秘めた魚は身をふるわせながら（FRISSONNER）美味となる。ほの暗き森のなか、グラスの中のワインのガーネット色が、ギリシアの昔の神の酒におもえてくる至福の宵のごちそう。

以上、二十世紀初頭、フランスの国民作家コレット女史の森のレストランの魚料理です。

魚料理は貴族の料理だと昔、パリでは言われたそうです。パリは、海から遠いから。冷凍なども もちろんなく、冷蔵もむずかしかったのです。だから、魚は現地まで食べに行く、それは貧乏人には出来ないこと、ぜいたくなごちそうでした。

さて、少し時代も進んで、二十世紀、メグレ夫人の料理ノートにはショードレ（魚鍋）があります。「アナゴ二尾、舌平目三〜四尾、エイ二尾、イカ三ばい、これら魚をぶつ切って、タイム、ローリエ、ローズマリー、ニンニク、パセリなどといっしょに寸胴鍋に入れ、白ワイン一瓶、魚がすっかりひたるくらい注ぎ、足りなければ水を足す。

一度、沸騰したら火を弱め、煮えたぎらない程度に、二十五分位、ゆらゆらと煮る。汁ごと中身をスープ鍋に移し、シャラント産のバタを散らす。バタは煮ないで、食べる直前に」

魚料理の用語としてのフレミール（FREMIR）について――

沸点に達する寸前の温度で調理する科学です。訳せば「ふるえている」スープ鍋がほほえんでいるという、あれです。つまり、煮えたぎらない程度にゆらゆら煮る。コレット女史の森のレストランの魚焼き男が、ときどき、魚に水をふりかける、こうしてふるえさせるのです、燃え尽きないように。

あれは南仏のブイヤーベースと同じく、火を、つけたり消したりして鍋の中の温度をうまくあやつります。

ブルターニュ地方の「コトリアード（魚鍋）」にはラードと炒めたタマネギとジャガイモが入る。

ノルマンディー地方の「マトロット」は魚や貝類をシードル（リンゴ酒）で煮て、カルヴァドスで燃やし、生クリームが入る。

ブルゴーニュ地方の、川魚鍋（ホシューズ）には、塩漬け豚肉と卵黄、ブルゴーニュワイン。いずれも、魚を酒で煮ながら、香草を油脂にからめて参加させ、要は、火の扱い方が重要であり、レシピなんてものはどうでもよい。

SAVARINER

その八

# 鱈のオリヴ油煮は干し鱈でなければならないのでした

バスチーユの朝市に巨大な棒鱈が並んだ1995年秋

パリ、昔の革命広場バスチーユの朝市に巨大な棒鱈が並んでいた一九九五年の秋のこと。その年の秋二カ月、私は母とパリに住んだ。十月おわりごろの日曜日の朝、わたしたちは、食材を買いにその朝市を歩いた。

牧場から、港から、村から、あらゆる食材が、都会パリの中心の広場にやってくるのだと、長年、パリ暮らしの友人がおしえてくれた。

パリもだんだん、食材調達の店がスーパーマーケット化して、やむなくその状況に従わざるを得ないのだが、食べることにうるさいパリジャン、この広場に立つ野天の市で、現地直送の食材をそろえるらしい。

さて、あのときみた、巨大な魚の干したもの、それは、棒と化したかちかちの鱈であった。あれは、二十五年後のいまも忘れられないが、二〇二〇年のパリではもうお目にかかれない。

棒鱈というのは、京都に昔からある。その棒鱈を芋と煮るお料理「芋棒」は有名な京料理です。私の母も昔、京都の友人が送ってくれる棒鱈を水でもどして芋と煮てよろこんでいた。京都のは、とてもかわいい棒鱈でハサミでちょん切れるのだった。

ところが、ここパリで見た干鱈、棒鱈は巨大であった。

元の鱈が大きいわけだ。北海の大きな鱈だろう。この魚が部分的に切り分けられて、鱈のフィレ部分というかたまりを、わたしも、このごろパリの魚屋で買う。フランスには、鱈はいく種かあるらしい。わたしの知っているのは、CABILLAUD（カビィヨウ）とMORUE（モリユ）というものだが、あの巨大な棒鱈がそのどちらなのか、または、もっと別な魚なのか、そんな呼び名はどうでもよくて、干し上がっても人間の背丈ほどもある硬直した干し魚を、何日も水に漬けてもどすのである。そのうち、やわらかくなりつつ、塩が抜けていく。そう、干し鱈は塩鱈である。

塩をして干すのは、ただ魚を保存するためだろうか。

ここで、京都のしめ鯖のことをかんがえてみる。昔、交通のまだ発達していないころ、若狭の海からはるばる山道を京都まではこんできたのだ。若狭と京都を結ぶ鯖街道というのがある。もちろん塩をして持ってきた。この塩鯖を酢で洗ううち塩が抜けてくる。そのうち新しい味ができてくる。

魚が干されたり、塩をされたりすることにより、変身した魚の味も変わり、味わいが深まる。塩をして干すことは保存のためばかりでなく、味をつくるというポジティブな意味がある。

干して水分を失った鱈を、もう一度水に漬けただ元通りにもどすというのではなかった。干されて変身した魚は、もとよりもっとしっかりした身になっている。生の鱈は身くずれしやすく、味もたよりなかったりするが、かちかちの棒鱈をもどしたのには、香りも油分もよくしみこんでくれる。京料理の「芋棒」とフランス南仏の干鱈料理とは、実はおなじ料理の科学であった。

「オリヴ油でトマトとタマネギを色づけ、ジャガイモ、ニンニクも丸ごと入れ、水とプロヴァンスの香草を入れてとろとろ煮る。そこへもどした鱈を粉をまぶして油で揚げたものを入れる。ちょうどジャガイモが煮えたころに」というこのレシピは、フランス十九世紀の初めごろ、プロヴァンスからパリに上京した「トロワグロ兄弟」がプロヴァンスのオリヴ油とトマトを披露すべしのメニューです。

この店では、ブランダード（BRANDADE）という南仏の鱈のディップをだしていました。

「塩干鱈を一日ぐらいかけて水に漬け塩抜きする。この鱈を鍋に冷たい水を入れ、弱火にかけ、アクが浮いてきたら、火をもう一段弱め、アクをすくい取りつつ、二十五分煮立てないようにゆでる。この元の塩鱈は一キロぐらい」もある。

ゆでた鱈の、水気をふきんでぬぐい取り、骨と皮を取り除き、身は指先きでできるだけ細かくほぐす。鍋に油を一カップ入れ、煙りの出るぐらい熱して、その中に、ほぐした鱈の身を入れて、パテのようになるまで、木べらでよく混ぜる。この鍋を火から少しずらし、二カップのオリヴ油を少しずつ細い糸のようにたらしながら、休まずに強くへらでかき混ぜる。そして、ときどき、一カップ少しの牛乳を大さじ二ぐらいずつ、この中に加え混ぜていく。牛乳を全部入れ終わったら、もう一度火を通して、生クリーム四分の一カップ加える。

でき上がったブランダードは、ちょうどジャガイモのピュレのようなクリーム状になる。

以上、メグレ夫人のつくるブランダードのレシピです。これ、作るのは、なかなかむずかしそうです。

わたしは、パリに来て、これを、肉屋のおそうざいの中にみつけました。


この肉屋について。場所はヴァレンヌ通り三三番地、バック通りがヴァレンヌ通りに交わるところより三軒目位、西へヴァレンヌ通りをいったところにある。この通りについて特筆すると、この肉屋より西にいくと右側にイタリア大使館があり、もう少し先左側にはマティニオン、つまり首相官邸がある。そしてこの道がつきあたるのがアンヴァリッド。この肉屋は今も昔のように午後は閉まっているので、夕方四時に、再び開くのを待ちつつ、この道を少し西に向かって歩けば、夏の太陽が西からまぶしく、限りなく明るく、道行く人もなく、パリの贅沢なカルチエです。この肉屋を私が見つけたのは、この度何十年ぶりにパリで暮らし始めて、昔のような肉屋はほとんどパリになくなっていることを知ったわたしは、しかたなく、世界で最初の百貨店といわれるボン・マルシェのグランドエピスリーという食品売場、そこで肉を買っていた。一年あまりして、このヴァレンヌ通りの肉屋をみつけた。その肉屋のウインドウが閉まっているときに、ゆっくり、つらつらながめてわたしは気に入った。肉の色がなんだかよいし、ごちゃごちゃいろいろ飾り立てず、大きなかたまりがどーんとおかれているさまも好ましい。牛の「マクルーズ」(牛の肩甲骨の下の部位)という部分をわたしはさがしているが、正しくこの部位を売ってくれる肉屋は、このごろ、フランスでもなかなかない。ところが、この店のウインドウには、いつもこのマクルーズの大きいかたまりがおいてある。

今度あれを買いに行くことに決めた。が、少しわたしはおじけた。昔からこの国では、肉屋はいばっていて、客を見下すこともある。一回目、わたしは、いちばん高級だが地味で上品でシックなオーバーコートを着て、女中(今は家政婦と呼ぶ)のマリーを連れて、でかけた。マリーに目くばせして、しずしず店に入った。入る前にそのマクルーズをたしかめてある。店主

のおじさんが「マダム」とわたしを見た。「マクルーズを一キロ半ぐらい」とわたしはフランス語を正しく発音したつもりだ。通じた。おじさんはにっこりした。

後日、なぜ店主がにっこりしたかがわかった。このごろ、パリで一キロ半もの大きなかたまり肉を自分で料理する主婦はめずらしいのである。

それは、五十年前のパリとは別世界の料理情況である。主婦はみな仕事をしているのです。今は。だからウインドウにいばっておさまっているこのかたまり肉を肉のまま買っていく人は少なくて、ほとんどは、肉屋自身が料理して売っているようだとわかった。わたしも、この肉屋が毎日こしらえるおそうざいをよく買っているが、とても上手にできていておいしい。肉といっしょに食べる野菜も上手に料理してあり、ポトフといっしょに食べる米をばらばらにくっつかないように煮たのやら、何といってもおいしいのは、ジャガイモのピュレであるが、ここまでは前おきであり、この肉屋に、なぜか、干鱈のブランダードがときどきある。

それを買ってきて食べて、ジャガイモのピュレが混ぜてあると、かんちがいしていた。

でもわかった、「できあがったブランダードはジャガイモのピュレのようなクリーム状になる」とメグレ夫人が書いていたではないか。

なぜか、この肉屋はときどき魚料理のブランダードをつくって売る。たぶん、このマティニョンに近いところに住むパリジャンが、これを好きなのだろう、いまは、この国も、肉を少なくたべて、魚に代えるということに、なっているらしいと知る。わたしも必ずこれを買ってきて肉をたべる前のオードブルとする。それは、昔、パリジャンの定番なのかオードブルのパテとかキッシュよりずっと体によいはずだ。このように、パリの昔のたべ方も変わらざるを得ない。

さて、少し横道にそれたので、「味をしみこませておいしくする」というフランス料理の科学について注釈したい。

「サヴァラン」というお菓子について。

「サヴァラン」は「ババ」とも呼ばれます。これを考え出したのは、味覚の生理学ともいわれる『美味礼讃』という名著を世に残したブリア＝サヴァランという人です。

サヴァラン氏は、ただ、食通や栄養学者というにとどまらず、フランス十八世紀モラリストの列に名をとどめる偉人のひとりです。

はて「サヴァラン」というお菓子は、ブリオシュという、卵とバタをいれてしっかり焼いたパンに、酒とさとうをとかした液体をしみこませる。

ここで大切なこと、ふわふわふにゃふにゃのブリオシュではもとのパンがぐちょぐちょになって、ますますまずくなるので、そんなのではない、しっかりと弾力のあるブリオシュに、香りある液体をしみ込ませて、じわっとしたおいしさがひろがるのが堪えられない。

このたべ方はフランス人のお得意です。

ポタージュに、かちかちに干からびたパンをうかべる。または、朝食に、バゲットの皮の方を、カフェ・オレにひたして、ぐちょぐちょにしたうえに、バタとジャムをのせてほおばる幸せ。

これが「食こそが精神生活の根源である」とのたまったモラリスト、ブリア＝サヴァラン氏の理念の具現化の一つでした。

そういうわけで、わたしは「サヴァリネ（SAVARINER）」なる料理用語をここに造語いたします。しっかりした土台をまずつくり、それを液体にふやかしておいしくする、これは、昔からフランス人がやってきたこと。フランス料理の基本でありましょう。

# トロワグロ兄弟

(Jean et Pierre TROISGROS)

ジャン（1926-）とピエール（1928-）の父親は，駅前の広場に店を作り，自分の特製ワインと息子たちの母親の手料理で泊まり客をもてなし，息子たちは中庭であそんだ。

二人の息子はパリで修行をし，1953年，懐かしい我が家に戻り，そのレストランを有名にした。

父は料理人ではなかったが，地の糧に敬意を払うべしと教え，不必要に皿をかざりたてることをきらった。

野菜と果物の香りを大切にし，肉や魚とのハーモニィをおいしく食べるエッセンスとした。

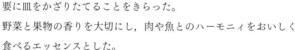

CONFIRE/
CONFIT/
CONFITURE

その九

# 庭で拾った梅の実で酵母をこしらえてパンを焼く

パン種酵母は、6月、庭の梅の木の下にありました

六月の湿気た台所に甘く香り立つものは、広口瓶の中で、ぶくぶく泡だつ砂糖まぶしの梅の実。

今から二十年の昔、わたしは、逗子の大きな庭のある家で暮らしていました。そのころ、すでに築百年以上、葉山御用邸より古く、庭には古い梅の木が五本もありました。逗子の植木屋が、夏の避暑客のために建てた家でした。

毎日、毎日、たくさんの梅の実が落ちます。完熟寸前のそれはフランスの秋の林檎に似ています。毎朝かごいっぱいひろってきては、砂糖をまぶしておきました。いつしか、梅のエキスと砂糖が合体して、泡立ち、芳香を放ってきました。このたえられぬ香りの中に、何かがあるはず、と喜んでいたら、そう、これをたねにして、パンができると、配達に来た自然食屋の主人が教えてくれたのです。

どんどん梅の実の表皮が破れて、泡だらけになってくる。この泡を粉に混ぜ込み、こねてパンをこしらえてみる。ほんのわずかのバタをくわえるだけ。粉は、石臼挽きの地粉。

粉と水分と酵母をこねておけば、自然にふくらんでくる。時間がつくってくれる。天火の中でもふくらむ。その後も、醗酵はしずかにつづいて止まぬ。それが天然醗酵です。フランスの天然酵母は、葡萄です。それでこしらえたバゲットを「トラディショナル」と呼び、日本へ昔やってきたフランス人のビゴ氏がつくっていましたが、今も、わたしは、パリでバゲットを買うとき、「トラディショナル」を買います。その方が、ふつうのバゲットより、少し高い価がついている。

日本では、わたしは、葡萄ではなく、梅の実で酵母をつくりパンをこしらえたのでした。

さて、果実を砂糖につけることを「コンフィル（CONFIRE）」という。漬けるという意味で、野菜は酢と油に漬ける。肉は脂に漬けるのではなく、脂でくるむ。そうしたものを「コンフィ（CONFIT）」と呼ぶ。

「砂糖漬けの果実」「酢漬けの野菜」そして鵞鳥の肉をその脂で包み、壺に収めた保存食「コンフィ・ドゥ・ドワ」は有名です。

「コンフィチュール（CONFITURE）」はジャムのことで、語源を同じくする。フランスでは、初夏、収穫したベリーをジャムに煮る。作家コレット女史が語る子供時代のおやつは、夏の午後、出来立ての泡立つジャムをなめることだったと。庭で収穫した果実を煮る、それは昔、家族の大行事でした。使用人たちをはべらして田舎の別荘で行う大イベントであったようです。

わたしは、四十年前の初夏のことをおもいだす。そのころ、パリに住む友人から、鎌倉に住むわたしにさそいがきた。友人はパリの六区ボザール通りのヴァンメル家に下宿していたが、ヴァンメル夫人は、毎週末、ノルマンディーの別荘へでかけ、庭の果実を収穫して瓶詰をこしらえる。その手伝いにノルマンディーまで二カ月ぐらい来ないかと。

ノルマンディーの初夏の夕暮れほど美しいものはない、としきりに友人はさそう。ムラサキ色に暮れなずむ北の海近くの、野菜の畑や果物の園を、わたしはおもった。

あの年は、チェルノブイリの事故のあった年だった。それが気になり、でかける決心が出来ず、夏は終った。


その前の年、実は、わたしは、そのヴァンメル家のキッチンに入ったのでした。パリ六区、ボザール通りとヴィスコンチ通りにまたがる、ヴァンメル家のアパルトマンは、玄関はボザール通りの方にあり、イギリスより逃げてきたオスカー・ワイルドが、最後の日をすごしたという有名なホテル、「ロテル（L'HOTEL）」のとなり。この二つの道にまたがる広いアパルトマンのキッチンは、ヴィスコンチ通りから入る。つまり「勝手口」である。この入口から、そうじにやってくる苦学生は入るのだそうだ。友人はこの高級下宿の客だから、ボザール通りから入るので、わたしもそれまでは、友人をたずねて、ボザール通りからはいっていた。

二カ月の予定でパリのホテルですごしていたわたしは、週末だけ、ヴァンメル家ですごした。ヴァンメル家は旧貴族で、アシェット出版社の株主だったらしいが、当時のその末裔のおじさんは、なまけものの遊び人で、奥さんに高級下宿屋をやらせていた。

当時、「シアンス・ポー」（パリ政治学院）の学生だった友人が、そこに下宿した。他に二人

の下宿人がいて、ひとりはカナダの大学教授の女性、もう一人は、アメリカ人のジャーナリストだった。しっかりとお金をかせぐ、この旧貴族は、週末には自分たちはノルマンディーの別荘ですごすので、その週末だけ自分たちの部屋をわたしに貸した。そういうわけで、わたしは、しっかりと、家の中をみることができた。

その土曜日、友人は、ヴィスコンチ通りから入ろうと言い、暗い階段を四階までのぼって、ドアを開けると、そこはヴァンメル家の台所だった。そして、その暗い階段は屋根裏までつづき、そこに苦学生が、ただ（無料）で住まわせてもらい、その代わりこの家のそうじをするのだという。週末は、みんな、どこかでかけているのか、その家には、わたしたちだけだった。

友人は、わたしにその台所をみせたかったらしい。長方形のその台所はいろんなものが並んでいたが、右のかどに棚があって、ぎっしりと、びんが、押し合いへしあい並んでいて、それは、ほとんど全部、自家製のヴァンメル家の食料だった。名前のわからない果物の煮たのが、たくさん並んでいて、わたしはそれをみてよろこんだ。

そこで、次の年、これをつくる手伝いのため、呼ばれたのだ。

いつまでも悔やまれるあのおもいでと、そして、もうひとつのおもいで。

ヴァンメル家のあるボザール通りの西のつきあたりが美術学校ボザールの正門になるが、そこはボナパルト通りだ。このボナパルト通り、セーヌにそうヴォルテール河岸から始って、リュクサンブール公園の北西入口までいくが、その美術学校から少し下がった三四番地は有名な住所である。

十九世紀初め、十七世紀末の貴族的古典主義に反逆するロマン主義がさかんになるころ、文学・芸術の革新を語る人たちのサロンがパリにあった。その一つ、ボナパルト通り三四番地、ジェラール男爵のサロンに、毎水曜日の晩、画家ドラクロワ、役者、詩人、流行劇作家、イタリアの名歌手、雑誌・新聞社の社主、作家スタンダールや、『カルメン』の作家メリメなどが集ったという。

その三四番地に一九八一年には、二十世紀の売れっ子政治漫画家、ジョルジュ・ヴォランスキが住んだ。彼の漫画入りベストセラー『フランス版愛の公開状　妻に捧げる十九章』を日本語に訳したわたしは、彼にインタビューすべく、この家を訪れました。

そして、ボナパルト通り美術学校の門から三四番地までの路面に、ヴォランスキ、といっぱい文字が描かれたのは、二〇一五年の正月でした。あの「シャルリー・エブド襲撃事件」で、イスラムの風刺画を載せたことに反発したイスラム過激派に殺害され、ヴォランスキは亡くなったのです。

そのとき、わたしは、この住所のすぐ近く、ヴォルテール河岸に住みはじめていました。そのあくる年、愁傷の妻マリーズさんと再会しました。三十年昔のかわいかったマリーズさんをおもいつつ、いま、彼女のアップルパイをここに。

それは、あのわたしのインタビューの次の日、彼女がわたしのために女だけの昼食会を催してくれ、そのランチには、出版に携わる当時のキャリアウーマンが三人参加したのでした。ヴォランスキの妻マリーズさんは、当時女性誌『エル（ELLE）』の記者でした。話題は「女の貞操」について。お料理は、そのころさわがれた新フランス料理の理念だったか、葉っぱのサラダばっかりでした。が、おいしく、感動的だったのが、デザートのアップルパイでした。

この人、ヴォランスキ氏の妻マリーズさんも、週末にノルマンディーの別荘で、もいできたわが家の林檎だと自慢しました。なるほど客料理のデザートをつくる林檎の木を植えるための別荘なのだとわたしはおもいました。

さて、このアップルパイは、黒人の女中さんが、オーブンの天板ごとテーブルまで持ってき

て、大きなへらで切り分けてくれました。ひっくりかえして、皿にのせたのですが、林檎の上にかぶせたパイ生地が、下側のパイの台とみたてたべる。

ヴォランスキ家風アップルパイは、林檎の上はキャラメル化していなくて、生っぽい林檎の楚々とした香りをバタと粉の味わいでたっぷりたべる、当時流行の新フランス料理であったのでしょうか。

あれは、遠い昔になりましたが、この番地のすぐ近く、サン＝ジェルマン＝デ＝プレの「カフェ・フロール」の「タルト・ポム」、つまりアップルパイは、もっと、きちんとかたちづくってあるが、その生の林檎のおいしさは何となく似ている。ここで、ミルクの入ったコーヒーをのむとき、これを注文して、やっぱり大きすぎて、食べきれなくて、紙につつんで半分をもち帰り家に着く前に、ギ・メール通りの入口からリュクサンブール公園に入って、ポール・ヴェルレーヌの像の前のベンチでこれをかじる。これは日本のアップルパイには全然似ていなくて、やっぱり、四十年前のヴォランスキ家のアップルパイだなとおもう。

GOUTER

# その十　至福の時を食べる

ジゼルのカフェ・オ・レとバアネット夫人のマフィン

カフェ・オ・レとパン、それだけ。パリ風の朝ごはんである。きざにパリ風をやっているわけではない。なぜかそうなのだ。わたしの朝食はそれに決まっている。それ以外は絶対にない。きのう買ってきた、それともっと前に買ったバゲットを、オーブンであたためる。早朝、パン屋へ走ることをしないから、そういうことになる。パンをグリエする。トーストである。

昔、パリで学生だった頃、朝食は女中のジゼルが作ってくれた。カフェ・オ・レとパンである。ひたすら、パンに、バタとジャムである。シンプルなメニューであるからこそ、パンとバタとジャムをおいしくおもうのであろうか。

そのパンは、朝まだき、冬には闇の朝に、ジゼルはパン屋へ急ぎ、腕いっぱいにバゲットを抱えて、四階まで階段をのぼってきた。

下宿だったあの家には、いつも三十人位は住んでいたから、ひとりでバゲット四分の一本をたべるとして、相当な本数のパンだった。もちろん、パン屋からいそぎ運んだ、まだ、あたたかいバゲットはおいしい。

でも、わたしがおもいだすのは、ジゼルが自分用に、夕べの残りの残パンをまっ黒こげに、ガスのじか火で焼いていたあれだ。

バゲットのかけらを鉄の棒のフォークみたいなのにつきさしてガスの火にかざすのだ。それにじゅうっとバタをのせると、えもいわれぬおいしいたべものと化す。彼女はよく、「これ、たべてみない？　おいしいよ」と半分くれた。

たぶん、肉を焼くときに使う、鉄の大きなフォークみたいなのにつきさされたままのパンをもってきて、目の前でぐさっと半分に切り、やきたての黒こげパンにバタがじわっとしみこんでいくところを、おおいそぎでほおばる。一瞬の幸せと呼んでも大げさではないだろう。パリの幸せはあれから始った。

そしておもう。ふつうのパンであった。ふつうのバタであっただろう。それが、あんなに幸せな美食をつくりだすとは。

それと、あのカフェ・オ・レの調合のことをかんがえる。あれは調合と呼ぶにふさわしい。コーヒーとミルクの調合であるが、それぞれの分量をそのとき自分で決めること。

うまくいれた熱いコーヒーの入っているポットと煮たてないように慎重にあたためたミルクの入っているピッチャー。この二者を両方からいっきに一つのカップへ注ぐカフェ・オ・レというものを自分で調合しているフランス人の男と女。それを、はじめて朝のホテルの食堂でみたのは、遠い昔、はじめてパリというところに到着した朝でした。

マロニエの枯れ木がガラス戸によりそうカフェにて、新聞をひろげ、カフェ・オ・レを調合していたひとたちの風景。「自分の創ったものがいちばんおいしい」いや、「自分で創らなければ満足しない」という自己主張でしょう。

コーヒーとミルクの割合の比率は、人それぞれにちがうのです。それを決めるときの真剣さが、ガストロノム＝美食家ということばをつくりました。

ここで、吉田健一『私の食物誌』（中公文庫、一九八〇年）より、バアネット夫人のマフィンのくだりを。

イギリスの小説家バアネット夫人『小公女』の中の一場面です。ロンドンのぜいたくな女学校の寄宿舎に入っていた金持ちの娘のセイラは、その金持が急死して、急に孤児となった。校長のミンチン先生という女は、セイラを女中にして、食事もまんぞくに与えない。

空腹をしのんで、こきつかわれていたこの少女は、屋根裏部屋に住まわされたが、この屋根裏部屋につづいたとなりの部屋に少女の死んだ父親の友人の使用人のインド人が住んでいて、この少女が救われることになるというおはなし。

そのインド人の男は、少女の空腹を救うべく、屋根伝いに少女の部屋へと、いろんな物を運び込む。少女が寝入っているあいまにである。

湯がたぎる音で少女が眼をさますと、炉に火が燃えていて、やかんがかかっている、テーブルに食事がおいてあるという情景。

マフィンが皿に山盛りにあり、切ってたべるケーキにナイフが添えられ、ジャムがバタととなりあっている。ここまでよむと、読者も主人公のひもじい思いに付き合っているので、主人

公の少女に負けずに興奮するのだとの吉田健一氏のコメントに、わたしも興奮する。少女は大いそぎで、となりからもう一人の女中の友達を連れてきて、これが夢でないかとたしかめようとする。そうして、二人で食べているそのマフィンというものに実際に味があることを言い、夢ではものを食べても味がしないことを指摘するとある。

よんでいて、そのマフィンがまったくおいしそうで、文学で食べものの有難さを知った最初の経験だったと吉田健一氏は書いておられる。

わたしも「炉の上でやかんの湯がたぎり、山盛りのマフィンの皿にナイフが添えられたケーキとジャムとバタがとなりあっている」という情景に、至福の幸せをかんじた。

この情景こそ、わたしが、パリの生活で幸せをかんじるもので「ジャムとバタがとなりあっている」というごくあたりまえのことに感動してしまうのだ。

それは極上の講釈つきのバタとジャムでなくていい。そんなことじゃない。ただし、やかんの湯がたぎっていることは必要であるようにおもう。

さて、このごろのパリ、コロナ禍のパリでのテレビコマーシャルをみていておもう。

カロリーのより少ないバタやぬりものをパンにタルティーヌする情景がある。ジャムははぶかれてきている。食べる内容は変化しても、その幸せ満足の表情に、おもわず、感動しているわたしである。

たった一枚のトーストに何かをぬり込めてたべる、この幸せ度は、この国でいまもすたれぬ。

À LA GELÉE

その十一

# 冷めてこそ肉料理のほんとう

パテ料理の理念とは

四十代になり、日本に住むようになってからは、わたしはほとんど肉を食べなくなった。おもえば、わたしの三十代は、パリの暮しが、いやおうなくそうさせたのだけれど、旺盛に肉を食べていた。くる日もくる日も肉を食べる生活であった。

でもあれらの肉は、この国でみなが食べている肉とはちがうものであった。

日本にかえってから、肉を食べなくなったのは、それが体にわるいということよりも、なにか日本の肉料理が妙におもえてきたのだ。

正直言って、日本の肉料理は、わたしにはクサイ。そのクサイところが、どうも、日本の肉料理の美味であるらしいこともわかった。

まず、フランス人のごちそうとしての肉料理と、日本人のそれとの相違について。

日本人がご馳走扱いをする「牛肉」というものは、フランスにおいては、それほど敬意が払われていないランクの肉であるらしく、牛肉のステーキというのは、いちばんありきたりのメニューである。「ビフテキ・フリット」と呼ぶあれ、シンプルな決してやわらかくはない大きな肉片を、決してソースなどかけないで、からっと焼いてある。じゃがいもの拍子木に切ったのを油で揚げたのが、皿からこぼれるように添えてある一皿である。

あの、からっとした肉片をシンプルに焼いたものは、いちばん健康によいそうで、肝臓がおもくなったらあれを食べなければならないとフランス人は言いました。五十年昔のパリです。

フランス人は胃がおもいとは言わず、肝臓がおもいと言います。時間のない人が、昼食にカフェにとびこんで食べるのは、あれなのだ。あの、全くあいそうのない、ひらっとした牛肉のでかい、固いかわいたもの、じゃがいものフリットだけを友として。

おもえば、あれこそわたしには、限りなくなつかしい「ビフテキ・フリット」なるパリのメニューの主菜《メイン》であった。いったい、あの、かたくて、そっけなくて、でも安心できる牛肉の焼いたのを、パリでわたしは何百回食べただろうかとおもう。

そう、あれは、おいしいというより、安心してたべる、消化に良いとフランス人が教えたように、たしかに、何回食べてもいやにならないものだった。

さて、帰国して日本のビフテキなるものに再会したとき、変な気がした。同じ、ビフテキと呼ぶものがかくもちがうものかと。

ビフテキとは、「ビーフステーキ」という英語がフランス語になってビフテクとなり、それを日本人がビフテキというようになったのでしょう。そうすると、ビフテキがフランス語なのか英語から来たのかが気になってきて、ここで、あらためて、牛肉という肉についてかんがえる。牛肉は英国の方がフランスのよりおいしいようだ。ローストビーフは、イギリスの料理であり、いや、イギリスではローストビーフしかないのよと、英仏両国に永く住んだ親友がいう。

イギリスの家庭で日曜日に焼くローストビーフのおいしさを語るその友の説では、「塩もしない」で、オーブンに入れておくだけでおいしいのが上等のローストビーフだそうだ。

肉そのものがちょうどよい塩分をふくんでいて、後から塩はふらないと。そういえば、大西洋の潮風にあたった草を食べた羊の肉が上等とされるが、その考え方である。

このあたりに、彼ら、元来、肉食人種の、肉への向かい方をうかがい知るのだ。塩も草も牛や豚が食べてくれて、その肉を人間がいただくとき、シンプルに、ゆっくり、火を入れるだけでよい。大きなかたまりをゆっくりゆっくりである。火を入れた時間だけ、冷ましてからナイフを入れるのが、守らねばならぬただ一つのことだという。火を止めても、オーブンでゆっくり焼いた肉は余熱でまだ煮えていて、それが料理を仕上げるというわけ。だから、完成したころは、熱《あ》つ熱《あ》つではない。

そういうわけで、熱つ熱つの肉料理は存在しません。このことを日本人は理解しません。

ローストビーフは冷製をサンドイッチにはさんでおいしいし、パリの「ビフテキ・フリット」も決して熱つ熱つではない。かなり大きなかたまりがどーんとでてきて、ソースもなく、肉そのものをシンプルにかみしめてたべるふうだ。

あの、かみしめて食べるあたり、ほかのフランスの肉料理とおもむきがちがう。

ふつうフランスの料理はすべて、とろっと口の中でとろけるようにおいしいから、あのよく噛むところが健康に良く、消化がよいというのだ。だから、週に一度、あれを食べるべきだと。

ここで、パリの「ビフテキ・フリット」が特別なものであることをこころえて、その対極にあるフランスの肉料理をたのしく展開させてみよう。

肉の種類がたくさんあって、日本の牛豚鳥で終わらないのが、まずたのしい。牛肉はいちばん並の肉で、よくもわるくもない。ので、すこしご馳走の気分の時は羊になる。

フランス人は、肉というとき、赤い肉、白い肉、ピンクの肉と分類するので、赤い肉の代表が牛と羊であり、牛を羊に代えて、一切れずつ焼く料理がある。牛の時は骨がついてないが、羊は骨つきである。

この骨も数本のあばら骨を切りはなさないで、ひらっと手のひらサイズのを丸ごと焼いてから、切り離したほうが、肉がちぢまないでおいしい。

豚だって「コート・ド・ポール」といってあばら骨が片側についた肉片を一枚ずつ焼いてだす料理がポピュラーである。いずれにしろ、骨つきの肉はグラム数がかなりかさむので、肉をたくさん食べてはイケナイという今の考え方にのっとると、逆行するので、こういう料理の出番がなくなりつつあるらしい。

が、あちらの肉は、肉そのものがしつこくなかった、淡白な味わいであった。そもそも、脂が少ないのである。脂が少ないのは草を食べて、運動している動物なのだ。

配合飼料で太らせた肉はぶくぶく脂があってしつこい味になるらしい。

もう今は昔とはいえ、あの狂牛病のことを、おもいだす。

この配合飼料に問題の牛骨粉が入っている。もともと、共食いをした、つまり、牛が牛の骨を食べたことにより発生した病気らしい。やはり、動物は自然の植物をそのまま食べるべしなのだ。

そこで、飼料で飼育しない動物、つまり狩猟でとらえた獲物の動物が、ジビエといって、フランスではいちばんご馳走になっている。飼育するにしても、昔は、どこでも草を食べさせていただろう。

五十年前、パリからロンドンに行くとき、パリ北駅から汽車でカレーまでいき、カレーからドーバー海峡を船でわたり、また汽車でロンドンに向かう途中、イングランドの野に、牛が放牧され、草を食べていた風景をおもいだす。あの牛肉はおいしかったわけだ。

今、みんなが、肉食というものから遠ざかるのは自然の理だ。

そこで、パリの人たちの肉料理を話として展開させることにする。

パリのデリカテッセンで高価に恭しく売られていたりする「野うさぎのテリーヌ」というのがある。ただのうさぎでなく、野うさぎであることが、高い価がつくゆえん。ジビエであるから。料理法として「テリーヌ」「リエット」などと名づける。ちなみに「パテ」と「テリーヌ」は同じもので、「パテ」はペースト状のものをいうので、肉、魚、あるいは野菜をペースト状にして、保存食にしたもの。

なぜ、このものをなぜ、または「テリーヌ」というのかというと、調理法として、ペースト状のものをオーブンで蒸し煮るとき、テリーヌの容器に入れてやる。テリーヌとは土でこしらえた入れもの、つまり土鍋のことである。

これらのジャンルの料理の古典的なものの代表として、「うさぎのリエット」の作り方について、披露しよう。

この「うさぎのリエット」は、体裁は、壺に入っていて、ぐにゃぐにゃどろどろした肉のペーストのようなもの、黒パンなどにのせて食べるオードヴルである。

もともとありふれた保存食で、何もないとき、とりだしてきて、これとパンとワインですます。まあ、日本のつくだ煮みたいなものです。

つぎに記すこの「うさぎのリエット」の作り方は、四十年昔、東京青山の「シェ・ピエール」にてピエール氏に習った。

まず、うさぎ八羽分の頭蓋骨を含む骨つきのがら及びブタのバラ肉を五センチ角に切ったものをフライパンでいためてから圧力なべに放り込み、白ワインをざぶざぶそそぎ、ローリエ一枚とラードを景気よく入れ、鍋の栓を閉める。シュッシュッシュッシュッと二時間、この蒸気機関車さながらの仕組みで、うさぎの骨はこっぱみじんに。

それらを漉し器をつかって液体と固形物にわけ、熱いうちに固形物の方から破片と化した骨を抜きとる。つまり、目的としては、骨にくっついていた肉をむしりとるのだ。煮る前には、骨とおぼしきものが、こうして煮くずしてみると肉として通用する。というよりこの動物のおいしいところはここにあったということ。骨を煮くずして出てきたゼラチンをつなぎにして、かすかな肉のうまみを食べようというのがこの料理法「リエット」である。

フランス料理の理念がここにある。

だから前述の即席肉の焼きもの、ビフテキなど、フランス人にとっては料理ではない。

リエットにもどり、漉し器で分けた液体の方を煮つめ、骨を抜いた肉片をあわせ、つぼに詰め、冷暗所に放置して仕上げる。この液体は、じつは脂が熱で溶けたものだから、冷えてくるにつれ、かたまってくる。かたまりつつ、ゼラチンと交じりあい、ほぐした肉をくっつけ、泥まんじゅう状になる。

壺の表面をラードでぬりかためて保存するのは、酸化を防ぐため。脂が中身を保護していて、この脂の方はすてるもの。食べない。ふたである。

こんな料理をつくる根気はもうない。というより、昨今、動物の骨をたべるのはおそろしい。だから、骨が出番のポトフ料理も、骨抜きなのでおいしくできず、つい遠ざかる。

ならばと、わたしの「パテ・メゾン」を冬だけ、冬の寒いときにだけつくってたのしむ。

これとて、作りはじめて、食べごろになるまで、二、三週間もすぎる。もちろん、冷えて食べる肉の料理であり、だんだん味わいが変化するのをたのしむ気長な料理だ。

ブタ肉とターキーの肉を自分でひき肉にする。ほんとうは仔牛の方がよいが、日本の仔牛はまずいので、アメリカ製の冷凍ターキーが脂が少く、淡白なので、自分の味わいを創作するにはよい。こういう料理は、肉自身に、強い味がすでにあるとイケナイ。材料としての肉、つまり料理のキャンバスは白紙の方が料理人の出番は大きいから。

そもそもフランス料理というのは、材料がよくないとき、ごまかしたり、飢餓のとき、少しでも食べられそうなものをさがしてきて加工したことにはじまるのだそうだ。

なので、料理する作業そのものがたのしく、はりあいとなる。

わたしの「パテ・メゾン」（自家製パテ）は、ひいた肉に白ワインとコニャックなどの酒をたっぷりかけ、ニンニクを二かけほどそのまま、タマネギをうす切りにして、肉にうめこんで、オリヴ油をうっすらかけて、二、三日放置する。酒とニンニクは防腐剤である。この段階で塩を入れては、肉のうまみをだしてしまうのでイケナイ。こうして、肉が少しづつ変質したころ、というか、肉が酒やニンニクの味とまじり合ったら、エキスの出払ったタマネギは全部抜き出して捨てる。ニンニクは押しつぶし、まぜ込み、ここで忘れず塩、コショーする。

この、どろどろのひき肉の合体物をテリーヌ型にしきつめるが、ブタのレースのようなうすい網状の脂でつつむ。

そのことにより、なぜか、テリーヌはうまくじわじわかたちになる。二、三時間位、湯せんしてオーブンで蒸し焼く。いつしか、キッチン中に香りが立ち込めるころ、出来上がっている。三時間もかけて焼けば、冷めるにも時間がかかる。肉は中心にかたまり、まわりは液状のものでおおわれているが、それが冷えるにつれて、ラードとゼラチンと化す。冷ます時、重しをかける。

こうして、テリーヌは四角のかたまりに出来上がっていく。

いつも冷たい場所に置き、少しづつ切り分け食べるが、三日位はそのまま切らない。

切りはじめより、日がたつにつれ淡白な味わいになるふしぎ。淡白さが香りと化すところにフランス肉料理の真髄がある。肉になんとなく香りがついてくるのを美味とする。

そこはかとなき上等の香りをゆっくり味わうには、やはり、熱つ熱つではない、冷製料理である。それら冷製料理のバージョンが、オードヴルとなる。「フォアグラ」が有名だが、あれもパテの一種である。

あれほど、体にわるいものはないといわれるが、不自然に太らせた鵞鳥の肝臓である。

こうしてお料理のハナシはハナシでおわる。

肝臓は骨と並び、いま、危険をはらむ。だから肉を食べるなら筋肉を食べろと。

こうして、「パリのビフテキ・フリット」はいちばんよきたべものかなと結論せざるを得ないが、フランスの伝統肉料理のハナシは、こうしておハナシでおわるのでした。

GASTRONOME EST
HUMANITÉ

# その十二　料理のユマニスム
# お魚がフランス美食の王さまになるとき

『千夜一夜』のティグリス河のお魚

一九七〇年代初頭、パリのふつうの献立のお魚料理について。

一九七二年の秋の終りから、わたしは、パリ六区アザス通り七八番地に住み、マルグリットおばさんのこしらえてくれる昼と夜の食事に満足していた。

あれは、ふつうの食事、正真正銘、フランス国民、パリ市民の、あの頃のいとなみの中の食の現実であったとおもう。

マルグリットおばさんのこんだてに魚料理は決して現れなかったことが気にならないほどに、わたしは、ペドロン家の三度の食事に満足していた。ちなみに、マルグリットおばさんとは、ペドロン家の住み込み、おかかえ料理番であった。

マルグリットおばさんは、その夫なる人とペドロン家の屋根裏に住まい、日がな一日、広い台所で野菜を洗ったり、大鍋の前に、医者のような白衣を着て、うでまくりして立っていたものだ。ゆであげたカリフラワーに大皿の中でバタをからめていた姿がよみがえる。

おばさんのこしらえる料理の材料は、トリ肉、牛肉、羊肉そして、わたしの知らないその他の獣肉と農業国フランスの香りのある野菜である。それらがたっぷりの主菜に、大きな焦げたデザート、冬の夕餉には、野菜のポタージュが何よりおいしかった。いつしかそんな食事に慣らされてしまったわたしは、魚のことはすっかり忘れてしまっていた。ムール貝はバケツいっぱいくらい、週に一度食べていたが、それ以外、海のものはない。頭や尾のある魚は不在であった。

それなのに、ペドロン家で初めて魚の料理が出た日、あれは、わたしの母が日本からやってきて、あの家に泊まった最初の夕食にペドロン夫人がみずから台所に立った。週のうち一度だけ、この奥方が台所に立つのがならわしで、その頃まだ、プチブルのなごりをひきずった七〇年代のパリのこの家の暮しは、使用人をはべらしていて、料理はおいしく、そうじはいきとどいていた。

木曜日毎の奥方の料理は、マルグリットおばさんほどおいしくないのが常であったが、わたしの母をもてなすべく、わざわざこの奥様は、お魚の料理に挑戦したのだ。それは、母の表現によれば、「ぞうきんのようにでかい、味のない、ほめれば超薄味のお魚」であった。それが、ドーバーソール（ドーバー海峡でとれる平目）だったか、母のいう「オヒョウのような味のない魚」だったのか。

そのことはどうでもよくて、ともかく、マルグリットおばさんのつくるお肉の料理には及ばなかった。せっかくの奥方のもてなしも甲斐がなかった。このことがフランス料理の中の魚の地位を考える大切なポイントとなる。

その次の日、パリのレストランで、母は魚の料理と肉の料理を食べてみて、言うには「ここでは、お肉の方がずっとおいしい」と。

母がパリのレストランで食べた魚は、もっときゃしゃで技巧をこらしたムニエル風のもので、白っぽいソースがかかっていた。この種の魚料理は東京のフレンチレストランへも伝わっている。

ペドロン夫人がつくったのは、それと対極にある料理で、ゆでた大きな魚にレモンか、生クリームをシンプルにかけるという大皿の家庭料理であった。

ところで、あれから二十二年後に、同じパリで同じ母が感動したお魚の料理がある。それは、母が、丸ごと「銀紙につつんで天火で焼いた魚に生クリームだけかけて食べたのがとてもおいしかった」というもの。

そして、もてなしたマダムが、目の前で骨をすっとぬいてくれたことに母は感動した。鱒という中くらいの魚が一人一匹ずつ供された。母が言う銀紙とはアルミハクのことで、一匹ずつアルミハクにつつんで焼いたのがそのまま供され、テーブルにレモンと生クリームの壺があった。いずれか好きな方を魚にかけて食べるものであるが、食べる直前に、骨をぬく、それがおいしいという西洋人、フランス人の食べ方である。生の魚を切ってさばき、解体してしまって、一片のおさしみと化する日本人の魚の食べ方とは異なる世界である。

ところで、一般にフランスの庶民は昔、魚を食べなかったそうである。海辺の人を除いてであるが、あの大きな大陸に位置するフランス国だから、冷蔵システムの無かった時代当然であるし、遠くから苦労して運んできてもそれほど新鮮でないので、それをごまかすためにフランス料理のソースが発明されたと聞く。

そして魚を持ってくるより、食べる人間の方が海辺まで食べにいくのがぜいたくである。一昔前にはそういうことは貧乏人にはできなかった。魚をきらいな人は、先祖が貧乏だった証拠といわれ、魚は貴族が食べるものだったそうだ。一九七〇年代、わたしはそうおそわった。

そのせいか、パリの魚屋はずいぶんいばっているようにみえた。いまもそのようだ。

また、魚の頭を切り落とすことをとてもいやがる。残酷だという。ニワトリの頭は平気で切り落とすのにである。魚の目がにらんでいるとさわぐ。

フランス人にとっての魚は、日本人のそれとはずいぶんちがっていて、特別なものである。よきにつけ、あしきにつけ、スペシャルである。

あの国のレストランでの本日のスペシャルメニュー「フリュイ・ド・メール（海の幸）時

価」という、あれ。昔はそういうフランスの魚料理であったが。わたしは決して食べなかったが。

というところで、西洋のお魚はいつもかなたに揺らぐ恍惚のご馳走だ。

ここに、『千夜一夜』のなかの「優しい友とアリ・ヌウルの物語」というお話の一場面より、芳しいお魚の料理をご披露しよう。

遠い昔、サラセン帝国のハルウン・アル・ラシッドという皇帝が主人公、都バクダッドの離宮が舞台である。宮殿のありとあらゆる燭台に点された火がティグリス河に映ってい た宵に、河に密漁に来ていた漁師がとった魚をもらったハルウン王さまは、漁師の姿に変装して離宮のパーティーにしのび込む。みなが魚をみてよろこび、漁師、じつは王さまに魚を揚げてくるように言いつける。王様は王子のころに、台所に入って料理人をじゃました経験があって魚を揚げるのはお手のものだった。王さまは番人の小屋から鍋、塩、月桂樹の葉、麝香草などとりだし、台所へ行き、まず、鍋にバタを溶かす。バタが溶けてきたら泡立ちはじめるのを待って、魚のうろこをとり、はらわたをとりだし、塩と粉をかるく

まぶして鍋のバタの中にいれ、こんがりと、てぎわよくうら返し、その小魚を全部揚げて大きなバナナの葉にのせ、レモンをそえて客の待つ離宮へもどってくる。

（吉田健一『私の食物誌』中公文庫、一九八〇年）

わたしは、西洋のお魚料理といえば、必ずこの場面であり、「バタが溶けてきたら泡立ちはじめるのを待って、魚のうろこをとり……」というくだりに固執する。それは、母がパリで食べた二度目の魚、鱒の銀紙焼きの骨を目の前ですうっと頭までぬいてくれたことにつながる。レモンだけで食べるシンプルさも似ているのではないか。

お魚料理は貴族のものとはこういうことか。

でも、もう一つ、対照的な魚の食べ方、南フランスにブイヤベースという魚の鍋（スープ）がある。

フランスの名シェフであり、料理評論家であったレイモン・オリヴィエはこのブイヤベースについて、「料理のユマニスム」と語ったのである。

というのは、海辺の家に住むひとりぼっちのおばあさんのところに、息子が帰ってくるので、おばあさんはごちそうを作りたかったのに何もなく、しくしく泣いていた。それを知った近所の人たちが魚を一匹ずつくれた。それらの魚が全部形も大きさもまちまちでとほうにくれたおばあさんは、かんがえたあげく、それらでスープ鍋をこしらえた。庭のニンニクとトマトと、とっておきのオリヴ油とで。

このブイヤベースという名のごった煮スープは、サフランが入るようになったり、かさごという魚がなければならないとか、ヨーロッパの魚のスープの代表として変遷していく。

これも、魚の煮え具合、つまり、熱の入りかげんが味を決める。それはじわじわとろとろ煮るものでなく、とっさの早わざであり、とにかく、魚の料理はデリケートであるから、むずかしくて、つい遠ざかってしまうパリのアパルトマンの小さな台所で料理する人たち。

でも、時には、遠く、ティグリス河の小魚のフライをつくる王さまや、南イタリアの貧しい村のブイヤベースに思いを馳せ、鱒を一匹ずつアルミハクでくるみ、電気調理台のオーブンにあずけるパリのマダムたち。

## 「あとがき」にかえて

パリはきょう三月二十八日から夏時間、夕べ、「二時は三時なり」と時計の針を一時間すすめた。つまり。フランス中の人が約束して時間を一時間かけぬけるわけです。緯度の高い北ヨーロッパの春は大いそぎでやってくる。温度はまだまだ低く、朝方は、天気予報が「凍るかもしれません」と言うが、わたしのパリのアパルトマンの南東のガラス窓ごしの光はまぶしく、一、二カ月前の朝九時ごろでも暗かった冬が去っていくのを知る。

この季節、暦では復活祭《イースター》の休暇に入り、公園のマロニエが芽ぶく。そんなよき季節に、去年も今年も、おそろしきウィルスさわぎで人々はみなそれぞれにおびえている。

数日前にたべものの店以外はすべて閉じるべしとの国の達しで、町はさびれている。その中で、復活祭のチョコレート屋だけが、ひとりさわいでいるのも、なんだかそらぞらしく、チョコレートはたしかにたべものであるが、ひきこもってチョコレートばっかりたべて病気にならないかしら。

この一年、わたしは、カフェにもレストランにも行かなかった。パリで、それらは開けたり、閉めたりしていたが、この数カ月来いっせいに閉じさせられて、いつ元にもどるか、だれも知らない。

わたしの近所は、パリ大学法学部と、リセ・モンテーニュ（高等学校）、及び広大なリュクサンブール公園である。

わたしが、ここで学生だった五十年近く前、この法学部には、りっぱな大学食堂があって、わたしもときどき昼食に入った。

今回、七年前にパリに再びきて知ったのは、この大学に食堂はなくなっている、そして、きくところによると、高等学校の給食は、給食会社が配達してくる、冷凍材料を使ったおそろしく粗末なものらしい。

というわけで、彼ら彼女らは、ときに、カフェレストランにて昼食としゃれこむらしく、どの店も、昼どきにはにぎやかに繁盛していた。

それが、この一年、だんだんすたれていって、このごろは、リュクサンブール公園のベンチに六人ずつ同じ方向にこしかけて、パン屋で買ってきた弁当を食べている。

その弁当とは、まず、鉄砲のようなでかいバゲットにはさんだ中身の肉と野菜がはみだしたものをかじる人。あるいは、大きなプラスチック容器を開けて、プラスチックのフォークで食べているのは、パスタ、もしくは何やら穀類の煮たの、つまりごはん風のものである。よくみると、おかず風のものは入っていない。いわゆる幕の内弁当ではなく、一つのものの量がひたすら多いということを、先週、わたしは観察した。

プルーストの苺ではじめた、このわたしの物語は、プラスチックの弁当箱でおわることになるが、その弁当を食べているリセアン（高校生）たちのいる、リュクサンブール公園の南西角の畑では林檎の花が咲いている。枝についている名札をみると、「レネット（REINETTE）」という種の昔の林檎だ。香り強く、煮て、デザートにする林檎らしく、この国では、果物も、煮て食べるのがふつうらしい。パリで五十年前、この林檎しか売っていなかった。わたしはそれを今もさがすが、この頃、ふつうのスーパーには売っていない。

以上、わたしの「失われし時をもとめて」です。

二〇二一年、春の来た日のパリで

村上葉

## 著者について――

**村上葉**（むらかみよう）　一九三九年、京都に生まれる。慶應義塾大学文学部卒業。朝日新聞記者をへて、渡仏。その後、自宅にてフランス語によるフランス料理教室を主宰。主な著書に、『おいしいフランス料理が食べたい』（草思社、一九八四年）、主な訳書に、シドニー゠ガブリエル・コレット『コレットの地中海レシピ』（水声社、二〇一九年）、ドミニク・ドアン他『フランス女性の二十四時間』（草思社、一九八八年）、ジョルジュ・ヴォランスキ『フランス版　愛の公開状』（講談社、一九八一年）などがある。

装幀――滝澤和子
装画――和田民子

# わたしのパリ料理だより

二〇二一年五月一〇日第一版第一刷印刷　二〇二一年五月二〇日第一版第一刷発行

著者――村上葉
発行者――鈴木宏
発行所――株式会社水声社
東京都文京区小石川二―七―五　郵便番号一一二―〇〇〇二
電話〇三―三八一八―六〇四〇　FAX〇三―三八一八―二四三七
［編集部］横浜市港北区新吉田東一―七七―一七　郵便番号二二三―〇〇五八
電話〇四五―七一七―五三五六　FAX〇四五―七一七―五三五七
郵便振替〇〇一八〇―四―六五四一〇〇
URL : http://www.suiseisha.net

印刷・製本――モリモト印刷

ISBN978-4-8010-0557-0